G.K. CHESTERTON

OS PARADOXOS
DO CRISTIANISMO

4ª edição

Tradução
Henrique Elfes

♪ @editoraquadrante
▶ @quadranteeditora
f Quadrante

São Paulo
2025

Copyright © 1993 Quadrante Editora

Capa
Karine Santos

Dados Internacionais de Catalogação na Publicação (CIP)

Chesterton, G.K., 1874-1936.
   Os paradoxos do cristianismo / G.K. Chesterton — 4ª ed.
— São Paulo: Quadrante, 2025.

   ISBN: 978-85-7465-707-3

   1. Cristianismo 2. Religião I. Título
                                                            CDD-230

Índice para catálogo sistemático:
1. Cristianismo : Religião 230

Todos os direitos reservados a
QUADRANTE EDITORA
Rua Bernardo da Veiga, 47 - Tel.: 3873-2270
CEP 01252-020 - São Paulo - SP
www.quadrante.com.br / atendimento@quadrante.com.br

SUMÁRIO

INTRODUÇÃO 5

OS PARADOXOS DO CRISTIANISMO 31

UMA IDEIA SIMPLES 113

INTRODUÇÃO

No Prefácio à Ortodoxia, obra-prima de Chesterton, o autor resume um romance alegórico que jamais viria a escrever: a aventura de um navegante inglês que, devido a um pequeno erro de cálculo na rota do seu iate, termina por aportar em Londres pensando ter descoberto uma nova ilha dos Mares do Sul, e finca o pavilhão britânico por sobre o Monumento de Brighton.

Esta história, que já nos traz uma amostra do notório bom humor de Chesterton, dista muito de ser um simples gracejo. É, na verdade, a história da sua própria vida. "Sou eu o homem do iate, *confessa mais adiante; fui eu quem descobriu a Inglaterra".*

A narrativa descreve, com efeito, o itinerário interior daquele que fora "pagão aos doze, agnóstico completo aos dezesseis", mas não se contentara com as meias-verdades e mentiras inteiras que lhe apresentavam a moda intelectual da época e as mil e uma seitas em voga, do espiritismo às sociedades teístas e éticas. E assim o futuro escritor partiu na busca pessoal e sem preconceitos de uma verdade firme: "Eu, como muitos outros rapazes vaidosos, tentei adiantar-me à minha idade e andar sempre dez minutos à frente da verdade; e acabei verificando que levava mil e oitocentos anos de atraso com relação a ela... Tentei por mim mesmo elaborar uma heresia e, quando já lhe tinha dado os últimos retoques, descobri que se tratava da ortodoxia".

Se a historieta revela a sua jornada interior, que culminou na fé católica, poderia também aplicar-se a outra caminhada longa e penosa, mas que ainda não terminou: a história de todo um povo que tentou de mil modos fundar a sua própria heresia, e que aos poucos está voltando à ortodoxia. De Henrique VIII, que separara por decreto a igreja anglicana do catolicismo, em 1534, até a conversão do renomado eclesiástico anglicano e futuro Cardeal John Henry Newman, em 1845, passaram-se três séculos marcados pelo progressivo esvaziamento do anglicanismo, pelo pulular das seitas calvinistas, pelo avanço crescente do indiferentismo religioso e do materialismo cada vez mais ativos e militantes, e também por um constante antipapismo e um ódio comum a "Roma".

A conversão de Newman, que fora líder do Movimento de Oxford e um símbolo de fé sincera e de retidão intelectual para toda a nação, abalou o país inteiro com a violência de uma explosão e abriu as portas para um verdadeiro ressurgimento do catolicismo na Inglaterra.

A segunda grande etapa dessa jornada de retorno à ortodoxia inicia-se com a conversão de G. K. Chesterton, alentada por outro grande escritor e amigo pessoal, Hilaire Belloc. Ambos foram expoentes do que veio a chamar-se, como diz o próprio Chesterton, a "reconciliação dos irreconciliáveis", isto é, a reconciliação entre a doutrina católica e os intelectuais, muitos deles filhos ou netos dos grandes agnósticos e ateus do século XIX. E ambos representam assim o início de toda uma inversão de tendências no pensamento europeu contemporâneo, inversão essa patente também no "renouveau catholique" que a França havia de viver entre as duas guerras.

* * *

Nascido em 1874 e tendo recebido uma primorosa educação clássica, laureado com o prêmio Milton de poesia antes dos dezessete e tendo publicado a sua primeira coletânea de ensaios aos vinte e seis, Gilbert Keith Chesterton estreou nas letras inglesas, na virada do século, com a impetuosidade de um furacão. Em cerca de um decênio, fundou duas revistas, publicou poemas, biografias e obras de crítica literária, romances alegóricos; foi colaborador assíduo de diversos periódicos, escreveu centenas de ensaios sobre os mais diversos temas, e promoveu o que viria a chamar-se a "revolução chestertoniana" — uma lufada de realismo e vida no afetado esteticismo vitoriano —; sobretudo, amadureceu aquele estilo personalíssimo e aquele pensamento original que haviam de caracterizá-lo até o final da vida.

Marcos fundamentais desse primeiro período são Heretics, *de 1905, e* Orthodoxy, *de 1908, obras que condensam a primeira etapa da sua busca por uma verdade na qual o entendimento pudesse repousar, e mostram uma fé cristã já firmemente arraigada. Na sua* Autobiografia, *publicada três meses antes da sua morte, em 1936, Chesterton descreve esse seu avanço tateante em direção à luz: "Foi-me permitida... uma espécie de... visão panorâmica de todo aquele campo de negações, de opiniões sem fundamento, de curiosidades. E vi muito bem o que tudo aquilo significava: não havia igrejas teístas, não havia comunidades teosóficas, não havia novas religiões. Vi que, na verdade, Israel andava disperso pelas colinas como ovelha sem pastor, e vi um grande número de ovelhas saltando de um lado para o outro e lançando balidos de angústia em direção a qualquer sítio onde pudessem encontrar o pastor.*

"No meio de todo esse baralhado pensar..., comecei a juntar os fragmentos do velho esquema religioso... E quanto mais eu via da verdadeira natureza humana, mais me aproximava da suspeita de que era realmente muito mau para aquela gente que esse esquema tivesse desaparecido... Homens que acreditavam ardentemente no altruísmo viam-se perturbados pela necessidade de acreditar, com uma reverência ainda mais religiosa... nas afirmações do darwinismo acerca da luta implacável como lei de vida. Pessoas que, naturalmente, aceitavam a igualdade natural de todos os homens, faziam-no porém... encolhidas à sombra do super-homem de Nietzsche e Shaw. Seus corações estavam no lugar correto, mas as cabeças estavam nitidamente deslocadas, empurradas e precipitadas que *eram pelo vasto peso do materialismo e do ceticismo distorcidos, áridos, servis e desprovidos de qualquer espécie de claridade, de liberdade e de esperança".*

O período seguinte caracteriza-se pela lenta superação das hesitações que ainda o separavam de Roma. Como consequência lógica das posições que defendera por quase vinte anos, pediu enfim, em 1922, a admissão na Igreja. Nas palavras de Hilaire Belloc, "aproximou-se do catolicismo gradualmente, mas seguindo um caminho reto. A princípio viu a cidade de longe, depois aproximou-se com interesse, e finalmente entrou. Houve na nossa história poucas conversões como a sua, tão deliberadas e maduras".

O próprio Chesterton descreve uma das razões pelas quais se deu a decisão definitiva de cruzar a soleira: "Quando me perguntam...: 'Por que é entrou para a Igreja Romana?', a primeira resposta que me ocorre, a resposta essencial..., é esta: 'Para me libertar dos meus pecados'. Porque não há outro sistema religioso que ensine as pessoas — se é que o professam realmente — a libertar-se dos seus pecados. E encontro a confirmação deste fato na lógica — estarrecedora para alguns — com que a Igreja afirma que o pecado de uma pessoa que se confessa, e está arrependida a sério, efetivamente é apagado, e que o pecador arrependido recomeça de verdade como se nunca tivesse pecado".

Com a conversão definitiva, encerrou--se a etapa preliminar, mas não houve propriamente uma guinada essencial nas ideias desse autor fecundo e polifacético. As obras filosóficas desse período, tais como O homem eterno, de 1925), São Francisco de Assis (1923) e São Tomás de Aquino (1932), refletem agora aquela "alegria da certe-za" que estivera procurando por trinta anos, e que levou à perfeição o bom humor, o otimismo e a alegria perante o "milagre do ordinário" que sempre o haviam caracterizado.

* * *

É dificílimo separar, em Chesterton, a personalidade e as ideias. Defende o otimismo com um bom humor inato ao seu temperamento; recomenda "abrirmos a cada manhã olhos novos para um mundo renovado", com a simplicidade das crianças, porque ele próprio é visceralmente humilde perante o real e por isso pode sentir-lhe o encanto e o mistério; exalta o "homem da rua" por profunda paixão democrática, e prega o senso comum por ser ele próprio homem de um bom senso absolutamente fora do comum.

O otimismo chestertoniano — "lealdade básica para com a vida" — não é uma espécie de patriotismo universal, cego à realidade de um mundo mau. Representa antes a compreensão profunda da verdade da Criação, pela qual o mundo saiu bom das mãos de Deus, e da verdade do pecado original, "tão evidente como as batatas". E se a centelha divina da liberdade é o que permite ao homem ser feliz no meio de todas as contradições, também é verdade que por meio dela se introduziu o mal no universo criado. "De acordo com a maioria dos filósofos, Deus, ao fazer o mundo, escravizou-o. De acordo com o cristianismo, Deus, ao fazer o mundo, libertou-o. Deus escreveu, não um poema, mas um drama; um drama perfeito na sua concepção, mas confiado a atores e diretores humanos que dele fizeram uma grande balbúrdia…".

Da infância, Chesterton trouxe uma faceta muito valiosa: o gosto pelas "histórias realistas, que à criança pequena parecem românticas". Sua inteligência prodigiosamente reta nunca se dispôs a enredar-se nos complicados raciocínios que justificam o injustificável. Manteve sempre a humildade intelectual da criança que tem a coragem de "descobrir o que já está descoberto", e pôde assim passar imune por uma das principais epidemias do nosso século: a vaidade intelectual, que impele quer à construção da "própria" verdade, quer a deduzir e abarcar com a razão todas e quaisquer verdades, quer ao relativismo total de quem afirma que todas as opiniões são "válidas".

Chesterton insurge-se, em nome da razão humana, contra esse "suicídio do pensamento"; mas sabe que é necessário ser humilde e aceitar uma realidade que nos vem de fora, com a força de objetividade, para se alcançar a alegria da certeza, a consciência luminosa, não de ser dono da verdade, mas de estar na verdade. "Tentei nestas páginas... descrever a filosofia em que acabei por acreditar. Mas não direi que é minha filosofia, porque não fui eu que a fiz. Deus e a humanidade a fizeram, e ela me fez a mim", escreve numa nota introdutória à Ortodoxia.

Liberto assim de reducionismos dogmáticos, pôde defender a posição "católica", universal e aberta, que abarca a totalidade do mundo e harmoniza razão e fé, ciência e teologia. "Tanto quanto um homem pode orgulhar-se de uma religião cujas raízes mergulham na humildade, sou um homem orgulhoso da minha religião... Tenho uma vaidade especial por estar a ferros do dogma antigo e, como meus amigos jornalistas repetem com tanta insistência, feito escravo de credos mortos...". Pois "o espírito humano é uma máquina feita para tirar conclusões e, se não o consegue, é porque está avariada. Quando nos falam de um homem demasiado inteligente para crer, falam-nos de algo que não parece senão uma contradição nos próprios termos...".

Apologista do "homem da rua", defendeu-o sempre com um senso comum monumental. Se fosse necessário defini-lo em duas palavras, poderíamos dizer que Chesterton foi um baluarte do bom senso contra as teorias complicadas. Numa de suas obras afirma que a filosofia do senso comum "funda-se na convicção universal e comum de que os ovos são ovos. Pode o filósofo hegeliano dizer que um ovo é, na realidade, uma galinha, por ser parte do interminável processo do vir-a-ser; pode o berkeleiano sustentar que os ovos estrelados só têm a existência dos sonhos...; pode o *pragmatista acreditar que tiramos melhor partido dos ovos mexidos, esquecendo que sempre foram ovos e tendo em vista apenas a omelete". Todavia, o filósofo do bom senso "coloca-se firmemente na luz clara, comum a todos os homens, seus irmãos, na comum evidência de que os ovos não são galinhas, nem sonhos, nem simples hipóteses de tipo prático, mas coisas certificadas pela autoridade dos sentidos, que vem de Deus".*

Por trás das suas comparações inesperadas ou antíteses e jogos verbais curiosos, escondem-se sempre ideias simples e diretas, que parecem novas e inesperadas por terem estado encobertas por sofismas durante tanto tempo. "Há uma saída para os becos sem saída dos filósofos — diz noutro lugar —; é dar meia-volta e ir para trás".

Uma amostra divertida dessa lúcida simplicidade de espírito: quando certa vez lhe perguntaram "que livro gostaria de ter consigo se fosse um náufrago numa ilha deserta", esperando talvez uma resposta profunda e elevada como "a Bíblia" ou "a Divina Comédia", respondeu com o óbvio "Um manual de construção de botes".

Chesterton oferece-nos o exemplo de um homem de coragem que nunca curvou a cabeça diante das modas intelectuais impostas pelos meios de comunicação ou pela opinião pública. As suas polêmicas com um Kipling ufanista do Império e antidemocrata, com um H. G. Wells socialista e ateu, com um Bernard Shaw cético e elitista, foram por muito tempo o assunto mais saboroso de todos os jornais. "G.K." atirava-se à contenda sem peias na língua, por mais que tivesse de remontar a corrente. Fustigou os falsos ídolos de um liberalismo que "degenerara em libertinagem", não poupou sarcasmos a um socialismo fingido e sedento de poder, desmascarou a inanidade de um "progresso" indefinido... em direção a coisa alguma. E sobretudo defendeu sempre a sua posição "escandalosa" de cristão; louvado inicialmente pelos seus "brilhantes paradoxos" por quase toda a crítica, a situação mudou quando os seus apologistas "vieram a descobrir que eu queria dizer precisamente o que dizia. A partir de então tornaram-se mais combativos, e eu não os censuro por isso".

Bernard Shaw, talvez o seu oponente mais acirrado, afirmava com ironia que não se podia discutir com Chesterton, porque "os interlocutores mal lhe abarcavam a metade do vulto". Efetivamente, "G.K." era de um volume respeitável...; no entanto, ao pretender ridicularizá-lo, Shaw fez-lhe justiça. Chesterton foi um gigante das letras e da arte, mas mais ainda do pensamento reto, da coragem intelectual e da grandeza interior verdadeiramente humana. Podemos aplicar-lhe com justiça o que escreve a respeito de um coetâneo: "Pode às vezes parecer que nos fustiga o cérebro como o vento e os trovões de uma longa noite; mas sabe entrar nos nossos corações sem precisar bater na porta".

* * *

Faz parte também da personalidade chestertoniana o seu estilo absolutamente único e original — por vezes até ao extremo. Os críticos ressaltaram muitas vezes o seu excessivo amor ao paradoxo, que seria "mera justaposição de ideias desconexas ou contraditórias", e o gosto excessivo pelo jogo de palavras e pelos trocadilhos brilhantes, que lhes pareciam artificiais.

Não é esta a conclusão que se tira de uma leitura direta de Chesterton. Pelo contrário, os paradoxos e antíteses fluem numa sucessão tão desnorteante que se entrevê, por trás da aparente confusão, um gênio que não tem alternativa senão buscar no contraste constante um meio próprio de expressão. Paradoxos como o do maníaco — "o louco é aquele que perdeu tudo menos a razão" —, ou as palavras que põe na boca de uma moça — "o otimista é aquele que te olha nos olhos, o pessimista aquele que olha para os teus pés" —, ou ainda a definição: "o materialista está na prisão — na prisão de um pensamento", tudo isso não são senão modos de realçar verdades esquecidas e empoeiradas e pô-las sob uma luz nova, que nos permite olhá-las como se fosse a primeira vez. "O paradoxo, tal como eu o entendo, não é senão um alegre desafio lançado pela fé", diz Chesterton, porque "de per si o uso do paradoxo desperta a inteligência".

É verdade que não é fácil ler Chesterton. Além de desfilarem diante dos nossos olhos personagens e cenas de uma Inglaterra que não nos é familiar, o estilo é denso e compacto. Mas quem se dispõe a penetrar com calma na sua argumentação, nunca deixa de sair enriquecido com uma abundante colheita de alicerces firmes para o pensamento, de sugestões intrigantes e fecundas e, last but not least, *contagiado pelo otimismo e bom humor desse homem que soube trazer aos nossos dias o grito de alegria e esperança dos filhos de Deus:*

"Sozinha na terra, erguida e liberta de todas as rodas e redemoinhos do mundo, levanta-se a fé católica,... a única a declarar, de modo vital e vivido, que a vida é uma história viva e verdadeira, com um grande princípio e um grande fim; com raízes na primitiva alegria de Deus, e encontrando o seu pleno desenvolvimento

na felicidade final da humanidade; abrindo com o coro colossal em que "os filhos de Deus gritavam de alegria", e terminando com essa... camaradagem mística, demonstrada de modo vagamente profético naquelas velhas palavras que têm o movimento de uma dança arcaica: Porque as Suas delícias são estar com os filhos dos homens".

* * *

Se a Ortodoxia é um dos expoentes da obra de Chesterton, resumo do seu pensamento e também ápice do seu estilo, Os paradoxos do cristianismo constitui sem dúvida o capítulo central desse livro. Com fina ironia, o autor descreve o seu itinerário espiritual, mostrando como foram justamente os argumentos dos céticos, ateus e agnósticos que o "levaram de volta para a teologia ortodoxa".

De modo geral, porém, Chesterton contenta-se com referir os ataques ao cristianismo na medida em que tiveram relação com o amadurecimento do seu pensar. Não perde tempo com grandes refutações, pois sabe que, na sua maioria, essas posturas provêm de uma vontade deliberadamente enclausurada em preconceitos e fechada à discussão. "Ninguém nega a Deus se não tiver interesse em que Ele não exista", já dissera Santo Agostinho há mil e quinhentos anos. Chesterton dirige-se principalmente às pessoas de boa vontade, que laboram no erro por nunca lhes ter sido mostrada outra opção, ou àqueles católicos que se acovardam diante da possibilidade de não serem tidos como suficientemente "modernos" e transigem com os ataques à Igreja e à fé.

Com a soberana despreocupação de quem realmente conhece a verdade, contrapõe aos argumentos sempre repetidos dos descrentes a afirmação lapidar que propõe noutro dos seus escritos: "E se alguém disser" que a defesa da Igreja Católica "está em contradição com a história e os fatos, limitar-me-ei a sugerir-lhe que estude a história e os fatos".

Mas o ponto central deste capítulo não é nem a descrição da sua caminhada interior nem a refutação do ceticismo. É antes a afirmação positiva de que a fé católica é a única maneira racional — porque suficientemente universal para conter todas as realidades — de se entender o nosso mundo e nos entendermos pessoalmente a cada um de nós. Chesterton defende o perfeito ajuste entre os paradoxos da doutrina católica e os paradoxos da vida e do mundo reais. Se o mártir cristão morre para viver, ao passo que o suicida morre para morrer; se devemos odiar o pecado, como único e grande mal que é, e amar sem limites o *pecador, pois é criatura e imagem de Deus; se a nossa condição de filhos de Deus e de reis do universo criado permite toda a expansão de um orgulho bom, e a nossa condição de pecadores justifica a penitência e o ascetismo rigorosos, é porque a doutrina cristã permite extrair do confronto entre as paixões contraditórias próprias da natureza humana um equilíbrio assegurado pela autoridade da Igreja, que é salvaguarda da liberdade e seu limite justo e necessário.*

É justamente o equilíbrio resultante do conflito que permite manter lado a lado paixões contraditórias na aparência — a humildade e o orgulho, a fortaleza e a mansidão, a alegria e a profunda consciência da miséria humana, o amor e o ódio. Ao invés de mutilá-las pela amálgama num meio-termo inócuo ou pela ênfase exclusiva em um dos termos antitéticos, o cristianismo delimitou-lhes os diferentes campos de ação, e é assim a única doutrina ética que permitiu conservar numa mesma pessoa humana ou distribuído por todo um corpo social tudo o que é legitimamente humano e por isso pode ser legitimamente divinizado. "Qualquer um pode dizer: 'Nem presunção, nem lamentos', e teria limitado o homem. Mas dizer: 'Aqui podes orgulhar-te, ali podes lamentar-te' — isso foi uma libertação".

Hoje como ontem, Chesterton tem razão ao defender a sábia postura paradoxal do cristianismo, "simples ao tratar de verdades simples..., teimoso ao tratar de verdades sutis", e paradoxal onde o mundo e os homens são contraditórios. Chega mesmo ao paradoxo mais profundo da pessoa humana, o paradoxo da liberdade. "Por sobre o fundo sombrio" do paganismo — diz num ensaio —, destaca-se a fé católica "como uma chama, como uma *única e singular estrela de ouro ou de prata. É excepcional e extraordinária..., porque proclama a Liberdade", ou seja, a vontade livre do homem. Essa vontade que pode deliberadamente escravizar-se e aniquilar-se a si própria encerrando-se na esterilidade do "eu", ou pode — supremo e último paradoxo — atingir o ápice da liberdade pela máxima submissão, ab-soluta e incondicionada, a Deus — por Amor.* Quem amar a sua vida mais do que a mim, perdê-la-á. E quem perder a sua vida por Amor de mim, salvá-la-á *(Mt 10, 39).*

OS PARADOXOS
DO CRISTIANISMO

O paradoxo do mundo

O grande problema deste nosso mundo é que não é um mundo ilógico, mas também não é um mundo racional. O que mais comumente nos aborrece nele é que é quase razoável, mas não chega a sê-lo perfeitamente. A vida não é anti-lógica, mas é uma armadilha para os lógicos. Parece um pouco mais matemática e regular do que realmente é; a sua exatidão é patente, mas a sua inexatidão se esconde e o que tem de insólito jaz emboscado.

Darei um exemplo tosco do que quero dizer. Suponhamos que determinada criatura lunar, dada às matemáticas, tivesse que fazer uma descrição do corpo humano. Perceberia imediatamente que o fato essencial é a sua duplicação: um homem é dois homens, e o da direita é exatamente igual ao da esquerda.

Depois de ter comprovado que há um braço à direita e outro à esquerda, um pé à direita e outro à esquerda, o matemático poderia aprofundar as suas pesquisas e verificar ainda que em ambos os lados se encontra um número igual de dedos das mãos e dos pés, olhos pares, orelhas pares, narinas pares e mesmo lobos cerebrais pares. Por fim, concluiria que se trata de uma lei e, quando encontrasse um coração num dos lados, concluiria que há outro do outro lado. E justamente aí, quando maior certeza tinha de haver chegado à conclusão certa, é que estaria enganado.

É este desvio milimétrico da rigorosa precisão que constitui um elemento inquietante em todas as coisas. Parece quase uma secreta traição do universo. Uma maçã ou uma laranja são suficientemente arredondadas para que lhes chamemos esferas, mas no fim das contas não são realmente esféricas. A própria terra tem a forma de uma laranja, com o fim de induzir certo astrônomo incauto a chamar-lhe globo. A lâmina foliar chama-se assim por sua semelhança com a lâmina de uma espada, que termina em ponta aguçada; mas a folha, não.

Em toda parte há este elemento silencioso e incalculável, que escapa aos racionalistas, mas apenas no último momento. A redondeza da terra induz a pensar que cada polegada da sua superfície segue a mesma curvatura; como também parece razoável que, tendo o homem um braço de cada lado, tenha também um coração de cada lado. Nem por isso os cientistas deixam de organizar expedições ao Polo Norte, certamente por gostarem tanto de lugares "chatos".[1] E os cientistas continuam a organizar expedições para encontrar o coração do homem; e quando tentam achá-lo, costumam procurar do lado errado.

Pois bem, a verdadeira intuição ou inspiração revela-se quando se conseguem prever as deformidades ou surpresas ocultas. Se o nosso matemático lunar visse os dois braços e as duas orelhas, poderia deduzir daí as duas omoplatas e os

---

(1) O autor se aproveita aqui da ambiguidade da palavra "flat", que tanto pode significar "plano, achatado" como "sem interesse ou sem projeção".

dois hemisférios cerebrais. Mas se intuísse o verdadeiro lugar onde se encontra o coração, então eu diria que essa criatura é algo mais do que um matemático.

O CRISTIANISMO E A LÓGICA

É exatamente esta reivindicação que eu quero fazer em favor do cristianismo: o cristianismo não só deduz as verdades lógicas, como ainda, se de repente se torna ilógico, é porque encontrou, por assim dizer uma verdade ilógica. Não somente acerta ao falar das coisas, mas erra — se é que se pode dizer assim — exatamente onde as coisas estão erradas. Seu plano ajusta-se perfeitamente às irregularidades ocultas e prevê o imprevisível. É simples ao tratar de verdades simples, mas é teimoso ao tratar de verdades sutis. Admitirá que o homem tem duas mãos, mas não admitirá — por mais que os modernistas uivem — a dedução óbvia de que tem dois corações.

A única intenção que me move agora é, pois, mostrar esse fato, isto é, mostrar que, sempre que alguma coisa nos parece estranha na doutrina cristã, logo descobrimos que há algo de estranho na realidade.

Aludi noutra parte a uma frase sem sentido, que afirma que não se pode crer nesta ou naquela religião nos tempos atuais. Ora, é óbvio que qualquer coisa pode ser crida em qualquer época. Mas, por mais estranho que pareça, num certo sentido é verdade que determinado credo, se se acredita nele realmente, pode ser crido com mais firmeza numa sociedade complexa do que numa sociedade simples.

Se uma pessoa pensa que o cristianismo é verdadeiro em Birmingham, realmente tem razões mais claras para ter fé do que se nele acreditasse em Mércia.[2] Pois quanto mais a coincidência parece complicada, menos parece uma coincidência. Se os flocos de neve que caem tivessem, por exemplo, a forma exata de um coração, poderia ser um mero acaso. Mas se caíssem na forma exata do labirinto de Hampton Court,[3] penso que se poderia chamar a isso um milagre. A filosofia do cristianismo veio a parecer-me exatamente um milagre deste tipo. A complicação do nosso mundo moderno prova a verdade da fé com mais perfeição do que o fazia qualquer problema

---

(2) Mércia foi um dos reinos anglo-saxões do século VIII; Birmingham é um dos maiores centros industriais da Grã-Bretanha moderna. O autor, pelo contraste, enfatiza a diferente complexidade dessas sociedades.

(3) Palácio real em Londres, com mais de mil dependências.

simples nas eras da fé: foi em Notting Hill e Battersea[4] que comecei a ver que o cristianismo era verdadeiro.

É por isso que a fé tem esses requintes de doutrina e de detalhes que tanto desesperam os que admiram o cristianismo sem acreditar nele. Uma vez que se aceita um credo, tem-se orgulho da sua complexidade, assim como os cientistas se orgulham da complexidade da sua ciência: isto mostra como ela é rica em descobertas; e se está correta, é um elogio afirmar que está correta até nos menores detalhes. Uma estaca pode encaixar num buraco ou uma pedra numa depressão por mero acaso. Mas tanto uma chave como uma fechadura são complexas e, se uma se ajusta à outra, sabemos que se trata da chave certa.

---

(4) Distritos industriais e operários de Londres.

A DIFÍCIL DEFESA DA VERDADE

É precisamente esta implícita perfeição do ajuste, porém, que torna difícil o que tenho de fazer agora, isto é, descrever todo esse acúmulo de verdades. É muito difícil defender alguma coisa da qual estamos inteiramente convencidos, ao passo que é relativamente fácil fazê-lo quando só estamos parcialmente convencidos, pois neste caso temos apenas uma ou outra prova da coisa e podemos expô-la.

Mas um homem não está realmente convencido de uma teoria filosófica quando descobre algumas coisas que a provam. Só está realmente convencido quando descobre que todas as coisas a provam. E quanto mais razões convergentes descobre, todas apontando para a mesma convicção, tanto mais confuso fica se de repente lhe pedem para resumi-las.

Assim, se perguntássemos à queima-roupa a um indivíduo normal de inteligência média: "Por que você prefere a civilização à barbárie?", ele olharia freneticamente à sua volta, observando coisa por coisa, e mal poderia responder vagamente: "Bem, é que há estantes de livros... e luz elétrica... e pianos... e polícia". Toda a defesa da civilização poderia resumir-se dizendo que é complexa, pois realizou tantas coisas! E essa mesma multiplicidade de provas, que deveria tornar a resposta avassaladora, torna-a impossível.

Em toda a convicção integral há, portanto, como que uma enorme impotência. A fé é tão volumosa que se leva um tempo enorme para pô-la em movimento.

Esta hesitação nasce, principalmente — por estranho que pareça —, de que é indiferente o lugar por onde se começa.

40

Todos os caminhos levam a Roma, e esta é uma das razões pelas quais muitas pessoas nunca chegam lá.

No caso desta defesa da fé cristã, confesso que tanto se me dá começar o raciocínio por uma coisa ou por outra; poderia começá-lo com uma cenoura ou com um táxi. Mas, se devo ser cuidadoso a fim de tornar claro o que quero dizer, penso que será melhor analisar as coincidências místicas — ou, melhor, ratificações — que se deram na minha história pessoal.

Os paradoxos do agnosticismo

Tudo o que escutei outrora acerca da teologia cristã foi-me afastando dela. Aos doze, era um pagão; aos dezesseis, um agnóstico completo; aliás, não consigo entender que alguém passe dos dezessete sem ainda ter enfrentado uma questão tão simples.

Apesar disso, nutria certa reverência nebulosa por uma divindade cósmica e um grande interesse histórico pelo Fundador do cristianismo. Como é óbvio, considerava Cristo apenas um homem — se bem que talvez me parecesse que, mesmo sob esse aspecto, levava vantagem sobre alguns dos seus críticos modernos.

Li a literatura científica e cética em voga na minha época, ou pelo menos tudo aquilo que conseguia encontrar em inglês e ao alcance da mão. E não li nada além disso ou, melhor, nada mais sobre qualquer tema filosófico. Os romances populares que também lia estavam impregnados, sem dúvida, de uma sã e heroica tradição cristã, mas na época eu não fazia ideia disso. Nunca li uma linha de apologética cristã, e ainda hoje leio a esse respeito o menos possível.

Foram Huxley, Herbert Spencer e Bradlaugh[5] que me trouxeram de volta para a teologia ortodoxa. Foram eles que semearam na minha mente as primeiras dúvidas cruciais acerca da dúvida.

---

(5) Thomas Henry Huxley (1825-1895) foi biólogo e o mais popular dos divulgadores do evolucionismo de Darwin; inventou o termo "agnosticismo" para designar a posição cética segundo a qual as realidades sobrenaturais são totalmente inacessíveis à razão humana.

Herbert Spencer (1820-1903) foi jornalista e filósofo autodidata; sua filosofia tentava integrar todas as descobertas científicas do seu tempo numa visão materialista e evolucionista única, sob a égide exclusiva da razão; completou-a com uma doutrina moral baseada no egoísmo.

Charles Bradlaugh (1833-1891) foi um dos principais líderes do socialismo inglês nascente; declarava-se livre-pensador e ateu.

Nossas avós tinham toda a razão quando diziam que Tom Paine[6] e os livre-pensadores deixavam a inteligência intranquila. Assim é, na verdade: deixaram a minha horrivelmente intranquila.

Os racionalistas levaram-me a perguntar se a razão poderia ter, ao fim e ao cabo, alguma utilidade; e quando terminei de ler Herbert Spencer, cheguei a duvidar (pela primeira vez) de que realmente tivesse havido evolução. E, ao fechar a última das conferências do Coronel Ingersoll a favor do ateísmo, cruzou-me a mente um pensamento pavoroso: "Quase me persuades a

---

(6) Thomas Paine (1737-1809) foi um escritor de renome e figura política do iluminismo. Em alguns dos seus escritos, propõe a substituição do cristianismo por uma "religião da natureza", e com esse fim fundou a seita dos "teofilantropos", que logo se extinguiu.

fazer-me cristão".[7] Eu estava numa situação desesperada.

O MONSTRO CONTRADITÓRIO

Este efeito estranho de os grandes agnósticos suscitarem dúvidas mais profundas do que as suas próprias, pode ilustrar-se de muitas maneiras. Mencionarei apenas uma.

Enquanto lia e relia todas essas versões não-cristãs ou anticristãs da fé, ia tomando corpo dentro de mim, de maneira gradual mas gráfica, a lenta e terrífica

---

(7) O autor alude à passagem dos Atos dos Apóstolos (26, 1-29) em que São Paulo, prisioneiro dos romanos, faz a sua defesa perante o rei Agripa, da Judeia. Ao terminar, Agripa diz-lhe: *"Um pouco mais, e me persuades a fazer-me cristão"*; ao que São Paulo respondeu: *"Por pouco mais ou por muito mais, a Deus prouvera que não só tu, mas todos os que me ouvem, se fizessem hoje tais como eu sou, menos estas cadeias".*

impressão de que o cristianismo tinha de ser algo muitíssimo extraordinário.

Segundo conseguia entender, o cristianismo tinha não somente os vícios mais gritantes, mas também parecia ter um talento místico para combinar entre si vícios à primeira vista contraditórios. Era atacado por todos os lados e com todos os argumentos, por mais que esses argumentos se opusessem entre si.

Mal um racionalista acabava de demonstrar que o cristianismo estava por demais a leste, logo vinha outro demonstrar com igual precisão que estava excessivamente a oeste. Mal acabava de acalmar-se a minha indignação perante o seu formato quadrado, anguloso e agressivo, e já era eu chamado a perceber e condenar as suas curvas enervantes e sensuais.

Para o caso de algum dos leitores não ter ainda cruzado com esse tipo de coisas, lembrar-me-ei ao acaso de alguns exemplos dessas contradições internas dos ataques dos céticos. Apresentarei quatro ou cinco, mas haveria outros cinquenta.

Pessimismo inumano e fantasia cor-de-rosa

Fiquei muito impressionado, por exemplo, com o ataque eloquente que se desferia contra o cristianismo por ser coisa de uma tristeza inumana; pensava eu naquela época — e ainda hoje penso — que o pessimismo sincero é na verdade o mais imperdoável dos pecados.

O pessimismo insincero é uma formalidade social, mais agradável do que negativa e, felizmente, quase todo o pessimismo é insincero. Mas se o cristianismo era, como diziam essas pessoas, algo puramente pessimista e oposto à vida, então eu estava disposto a mandar pelos ares a catedral de São Paulo. Todavia, o mais extraordinário era o seguinte: no capítulo primeiro, provavam-me de modo plenamente satisfatório que o cristianismo era excessivamente pessimista; a seguir, no capítulo segundo, passavam a provar-me que era excessivamente otimista.

Uma das acusações contra o cristianismo era a de que, usando de medos e terrores mórbidos, impedia os homens de procurarem a alegria e a liberdade no seio da Natureza. Mas havia também a acusação de que confortava os homens acenando-lhes com uma fictícia Providência, colocando-os num berçário cor-de-rosa. Um dos grandes agnósticos perguntava por que não bastaria a beleza da própria Natureza, e por que seria tão difícil ser livre. Outro grande agnóstico objetava que o otimismo cristão, "véu de fantasia tecido por mãos piedosas", escondia de nós a feiura da Natureza e a impossibilidade de sermos livres. Mal um racionalista acabava de qualificar o cristianismo como um pesadelo, já outro começava a chamar-lhe paraíso de tolos.

Tudo isto me intrigava; as acusações pareciam-me inconsequentes. O cristianismo não podia ser simultaneamente a máscara negra de um mundo branco e a máscara branca de um mundo negro. A posição cristã não podia ser simultaneamente tão confortável que uma pessoa se apegasse a ela por covardia, nem tão desconfortável que nela permanecesse por estupidez. Se o cristianismo falsificava a visão humana, tinha de falsificá-la ou de uma maneira ou de outra — não podia estar usando ao mesmo tempo óculos verdes e óculos cor-de-rosa.

Como todos os jovens da minha época, saboreava com terrível alegria os sarcasmos que Swinburne[8] disparava contra a insipidez da fé:

Thou hast conquered, oh pale Galilaean, the world has grown gray with Thy breath.[9]

Mas, ao ler as descrições do paganismo devidas ao mesmo autor — como, por exemplo, em *Atalanta* —, deduzi que o mundo era muito mais cinzento antes de que o Galileu soprasse sobre ele o seu hálito. Pois em resumidas contas o poeta afirmava que toda a vida era em

---

(8) Algernon Charles Swinburne (1837-1909) foi um dos mais conhecidos e polêmicos poetas do fim da era vitoriana. Seu estilo o coloca entre as maiores figuras da literatura inglesa; seu temperamento, porém, era sombrio e fortemente propenso à melancolia.

(9) "Venceste, ó pálido Galileu, e o mundo se tornou cinzento ao teu hálito".

si mesma negra como breu. Não se sabe de que modo o cristianismo podia tê-la tornado ainda mais escura. O mesmo homem que denunciava o cristianismo por ser pessimista era, portanto, ele próprio um pessimista. Cheguei assim à conclusão de que devia haver algo de errado em tudo isso, e num momento de angústia passou-me pela cabeça que talvez não fossem bons juízes sobre a relação que há entre a religião e a felicidade aqueles que, segundo as suas próprias palavras, não possuíam nem uma nem outra.

Mas — entenda-se bem — não concluí apressadamente que as acusações fossem falsas ou os acusadores uns tolos. Simplesmente deduzi que o cristianismo devia ser algo ainda mais fantástico e perverso do que diziam. Uma coisa pode ter dois defeitos opostos, mas terá uma configuração muito estranha se de fato os

possuir. Um homem pode ser excessivamente gordo numa parte e excessivamente magro noutra, mas terá uma silhueta
muito estranha.

Até aqui, os meus pensamentos
concentravam-se apenas na estranha silhueta da religião cristã. Pelo contrário,
não atribuía qualquer forma bizarra ao
pensamento racionalista.

FRAQUEZA COVARDE E VIOLÊNCIA SANGUINOLENTA

Agora, vejamos outro caso da mesma
natureza. Parecia-me que depunha fortemente contra o cristianismo a acusação
que lhe faziam de que tudo o que é cristão
traz consigo uma certa nota de timidez,
de ar monacal e pouco viril, especialmente na sua atitude com respeito à resistên-
cia e à luta.

Os grandes céticos do século dezenove foram homens extremamente viris; Bradlaugh, nas suas maneiras expansivas, e Huxley, nos seus modos reticentes, foram decididamente homens. Em contraposição, havia algo de fraco e excessivamente paciente nos conselhos cristãos.

O paradoxo cristão sobre a outra face, o fato de os sacerdotes nunca combaterem, uma centena de coisas, enfim, tornava plausível a acusação de que o cristianismo era uma tentativa de assemelhar o homem aos cordeiros.

Li tudo isso, acreditei no que lia e, se não tivesse lido outra coisa, continuaria a acreditar. Mas li depois algo muito diferente.

Ao virar a página do meu manual do agnosticismo, o meu cérebro revirou-se de pernas para o ar. Agora descobria que devia odiar o cristianismo não por combater muito pouco, mas por combater em demasia. A fé cristã parecia ser a mãe de todas as guerras; o cristianismo tinha mergulhado o mundo num banho de sangue.

Eu, que me irritara profundamente com o cristianismo porque nunca se irritava, agora devia irritar-me com ele porque a sua ira fora o fato mais horrível e monstruoso da história humana, porque a sua ira empapara a terra e velara o sol.

As mesmas pessoas que condenavam o cristianismo pela sua mansidão e pela não-resistência dos mosteiros eram as que agora o condenavam pela violência e pela bravura das Cruzadas. De uma maneira ou de outra, o pobre do cristianismo tinha a culpa não só de que Eduardo, o Confessor, não combatesse, como de que Ricardo Coração de Leão andasse metido em guerras.[10] Diziam-nos que os *quakers*[11] eram os únicos cristãos típicos e ao mesmo tempo que os massacres de Cromwell e Alba eram crimes caracteristicamente cristãos.

---

(10) Sto. Eduardo III (c. 1004-1066), chamado "o Confessor", foi um soberano pacífico e sábio, e talvez o mais benquisto de todos os reis ingleses. Ricardo I "Coração de Leão" (1157-1199), logo depois de coroado, partiu para a 3ª Cruzada, na qual se destacou tanto pela valentia como pela crueldade; voltando à Inglaterra, teve de combater o seu irmão João "sem Terra" para recuperar o trono; cerca de um ano depois, partiu novamente para uma campanha na França, no decorrer da qual faleceu.

(11) Os *quakers* são uma seita protestante surgida no século XVII; seu fundador, John Fox, pregava uma "iluminação direta" do crente que lesse a Sagrada Escritura, e se opôs a qualquer forma de doutrina ou culto organizado. Os adeptos da seita estão proibidos de participar em guerras, de forma que a palavra quakerismo acabou tornando-se sinônimo de pacifismo.

Que conclusão tirar de tudo isso? Que cristianismo era esse que sempre proibia a guerra e sempre provocava guerras? Qual podia ser a natureza de uma coisa que era condenada tanto por não querer lutar como por estar sempre lutando? Que mundo de enigmas gerara esses monstruosos assassínios e essa monstruosa mansidão? A silhueta do cristianismo tornava-se mais estranha a cada instante.

MORAL RELATIVA E MORAL UNIVERSAL

Tomemos agora um terceiro caso, o mais estranho de todos porque envolve a única objeção real à fé. A única objeção real à religião cristã é simplesmente que ela é *uma* religião, não aceita por todos. O mundo é um lugar grande, cheio de pessoas dos tipos mais diversos. E o cristianismo — pode-se dizê-lo razoavelmente — é algo restrito a um determinado tipo de pessoas; começou na Palestina e praticamente parou na Europa.

Este argumento impressionou-me seriamente na minha juventude, e senti-me atraído por uma doutrina que se pregava com frequência nas "sociedades éticas": a doutrina de que existe uma grande igreja inconsciente de toda a humanidade, baseada na onipresença da consciência humana.

Os credos — diziam — dividem os homens, mas a moral os une. A alma pode procurar as terras e as épocas mais estranhas e remotas, que sempre encontrará nelas um senso moral comum. Pode procurar Confúcio, sentado debaixo das árvores orientais, e vê-lo-á escrever: "Não roubarás". Pode decifrar o mais obscuro hieróglifo no mais primitivo deserto, e o significado que virá a descobrir será: "As criancinhas devem dizer a verdade".

Acreditei nessa doutrina da fraternidade de todos os homens na posse de um mesmo senso moral — e ainda hoje acredito, mas de outra maneira. E estava inteiramente desgostado com o cristianismo porque afirmava — assim supunha — que épocas e impérios inteiros da história tinham escapado completamente a esta luz da justiça e da razão.

Mas reparei depois numa coisa surpreendente. Reparei que as pessoas que diziam que a humanidade constituía uma só igreja, de Platão a Emerson,[12] eram as mesmas que depois diziam que a moral tinha mudado por completo, e

---

(12) Ralph Waldo Emerson (1803-1882), poeta e escritor americano, foi de início pastor protestante, e depois inventou um sistema filosófico próprio, o sistema "idealista individualista unitário", que professa uma vaga ética humanitária sem maiores fundamentações.

que aquilo que era justo numa época já era injusto em outra.

Se eu perguntava, por exemplo, por um altar, diziam-me que não havia necessidade de culto algum, pois os homens, nossos irmãos, nos deram claros oráculos e um credo único através dos seus costumes e ideais universais. Mas se eu humildemente ponderava que um desses costumes universais dos homens era o de erigirem um altar, os meus mestres agnósticos davam meia-volta e explicavam que os homens sempre estiveram mergulhados nas trevas e nas superstições dos selvagens.

Descobri que a censura que dirigiam diariamente ao cristianismo era que este representava a luz de um só povo e que tinha deixado todos os outros morrerem nas trevas. Mas também descobri que se orgulhavam especialmente de que a

ciência e o progresso fossem a descoberta de um único povo, enquanto todos
os outros morriam na escuridão. O seu
principal insulto ao cristianismo era, na
verdade, o principal elogio que faziam de
si próprios; parecia haver uma estranha
falta de boa-fé em toda a sua insistência
relativamente a essas duas coisas.

Ao considerarmos algum pagão ou
agnóstico, devíamos lembrar-nos de que
todos os homens tinham somente uma
religião. Mas se considerássemos algum
místico ou espiritualista, devíamos ponde-
rar como eram absurdas as religiões que
alguns homens tinham. Podíamos confiar
na ética de Epicteto,[13] porque a ética nunca mudava; não devíamos confiar na ética

---

(13) Epicteto (nascido no início do séc. I d.C.) foi
professor de filosofia em Roma e na Grécia; sua moral é uma síntese das éticas estoica e platônica.

de Bossuet, porque a ética tinha mudado.[14] Tinha mudado em duzentos anos, mas não em dois mil.

Tudo isto começava a ficar alarmante. Parecia não tanto que o cristianismo era suficientemente mau para ter qualquer vício, mas antes que qualquer bastão era suficientemente bom para vergastar o cristianismo.

Novamente, que coisa surpreendente podia ser essa, que despertava nas pessoas tanta ânsia em contradizê-la que já não lhes importava contradizerem-se a si mesmas? Era exatamente esse espetáculo que eu podia ver para qualquer lado que olhasse.

---

(14) Jacques Bénigne Bossuet (1627-1704) foi bispo e tornou-se conhecido como o melhor orador eclesiástico francês; foi membro da Academia Francesa.

MAIS OBJEÇÕES

Não é possível entrar aqui em mais detalhes. Mas, para que não se pense que selecionei com má-fé três casos fortuitos, apresentarei brevemente alguns outros.

Assim, por exemplo, alguns céticos escreveram que o grande crime do cristianismo era o seu ataque à família: arrastava as mulheres para a solidão e para a vida contemplativa num convento, para longe dos seus lares e dos seus filhos. Mas logo outros céticos, um pouco mais progressistas, afirmavam que o grande crime do cristianismo era forçar-nos a casar e a constituir família, que condenava as mulheres à escravidão dos seus lares e filhos, e lhes proibia a solidão e a contemplação. A acusação vinha, por conseguinte, de lados opostos.

Outro exemplo: algumas frases das Epístolas ou da cerimônia do Matrimônio revelavam, segundo os anticristãos, certo desprezo pela inteligência feminina. Mas descobri que os mesmos anticristãos desprezavam a inteligência feminina, pois a sua principal farpa contra a Igreja do continente era que "só as mulheres" é que a frequentavam.

Mais um: reprovavam-se no cristianismo os seus hábitos andrajosos e famélicos, a sua ascese de pano de saco e de ervilhas secas. No minuto seguinte, porém, censuravam-lhe as pompas e os rituais, os seus sacrários de pórfiro e as vestes douradas. Era criticado tanto por ser excessivamente simples como por ser excessivamente rico.

Outros ainda: acusavam o cristianismo de sempre ter reprimido excessivamente a sexualidade, até que o malthusiano[15] Bradlaugh descobriu que a reprimia muito pouco. Muitas vezes, é acusado de um só fôlego de respeitabilidade hipócrita e de extravagância religiosa. Num mesmo panfleto ateu encontrei censuras ao cristianismo pela sua desunião — "uns pensam uma coisa, outros outra" — e pela sua união — "é a diferença de opiniões que impede o mundo de afundar-se". No transcorrer de uma mesma conversa, um amigo meu livre-pensador culpou o cristianismo por

---

(15) Thomas Robert Malthus (1766-1834) foi pastor anglicano e economista clássico; elaborou a teoria de que os meios de subsistência cresceriam em progressão aritmética e a população em progressão geométrica, sendo necessário controlar a natalidade para evitar uma catástrofe econômica. Esta teoria, que mostrou ser falsa, reviveu ultimamente com o nome de neomalthusianismo e com argumentos catastróficos similares.

desprezar os judeus, e a seguir o desprezou por ser judaico.

Um paradoxo de malignidade

Na época, eu queria ser tão imparcial quanto pudesse, e ainda hoje pretendo sê-lo. Não concluí então que o ataque ao cristianismo estivesse todo ele completamente errado; apenas concluí que, se o cristianismo estava errado, devia estar muito errado!

Erros tão hostis um ao outro podiam certamente estar combinados numa mesma coisa, mas essa coisa tinha de ser muito estranha e única. Há homens que são ao mesmo tempo avarentos e perdulários, mas são raros. Há homens simultaneamente sensuais e ascéticos, mas são raros.

Mas se essa amálgama de loucas contradições realmente existia — pacifista

quakeriana e ao mesmo tempo sangui-
nária, suntuosa demais e andrajosa demais, austera mas luxuriosa, inimiga das
mulheres e seu tolo refúgio, solenemente
pessimista e estupidamente otimista —,
se esse mal existia, então havia nele algo
de supremo e único.

Ora, os meus mestres racionalistas
não me forneciam explicação alguma
para corrupção tão excepcional. Num
plano teórico, o cristianismo era para
eles apenas um dos mitos e erros comuns
dos mortais. *Eles* não me davam chave
nenhuma que explicasse essa maldade
retorcida e antinatural.

Um paradoxo tão maligno atingia as
raias do sobrenatural. Efetivamente, era
quase tão miraculoso como a infalibilidade
do Papa: uma instituição histórica que jamais acertasse seria tão miraculosa como
uma instituição que jamais pudesse errar.

A única explicação que me ocorreu foi que o cristianismo não provinha do céu, mas do inferno. Com efeito, se Jesus de Nazaré não era Cristo, tinha de ser o Anticristo.

A CHAVE ENCAIXA NA FECHADURA

Foi então que, numa hora calma, um estranho pensamento me atingiu como um raio silencioso. Subitamente descobri outra explicação.

Suponhamos que várias pessoas nos falassem de um desconhecido. Suponhamos que nos intrigasse vê-lo descrito por uns como alto demais, e por outros como baixo demais; uns criticando-lhe o excesso de peso, outros lamentando a sua magreza; uns achando-o excessivamente taciturno, outros alegre demais.

Uma explicação possível, como já dissemos, seria que esse homem tivesse um aspecto muito estranho. Mas há outra.

Poderia ter o aspecto normal, e nesse caso os homens insultantemente altos o considerariam baixo, e os nanicos o considerariam alto; galãs quarentões que se estivessem dilatando o considerariam excessivamente esquálido, e velhotes almofadinhas que estivessem mirrando achariam que ultrapassava os estreitos limites da elegância. Talvez os suecos, com seu pálido cabelo cor de palha, o considerassem moreno, enquanto os negros o achariam marcadamente loiro.

Talvez — em suma — essa coisa extraordinária fosse a coisa realmente ordinária, pelo menos a coisa normal, o tipo médio. No final das contas, talvez o cristianismo fosse a parte sã, e todos os seus adversários uns loucos — de diversas maneiras.

Pus à prova esta ideia perguntando-me se não haveria nos acusadores alguma coisa mórbida que explicasse as suas acusações; e assustei-me ao verificar que essa chave se ajustava perfeitamente à fechadura.

É certamente estranho, por exemplo, que o mundo moderno critique o cristianismo simultaneamente pela sua austeridade corporal e pela sua pompa artística. Mas então também é estranho, muito estranho, que o próprio mundo moderno combine um extremo hedonismo corporal com uma total ausência de pompa artística. O homem moderno considera as vestes de Beckett[16] ricas demais, e as suas refeições demasiado pobres. Mas o homem moderno é, nesse aspecto, realmente

---

(16) São Thomas Beckett (1117-1170) foi grão-chanceler e posteriormente cardeal-primaz da Inglaterra. Notável por sua coragem e fidelidade ao país e à Igreja, foi assassinado por instigação do rei Henrique II, e canonizado em 1172.

excepcional dentro da história humana: nunca antes se jantou tão refinadamente vestindo roupas tão feias.

O homem moderno considera a Igreja simples demais exatamente onde a vida moderna é complicada demais; e pensa que é excessivamente faustosa onde a vida moderna é excessivamente sórdida. O homem que despreza os jejuns e as festas simples da Igreja é doido por aperitivos requintados; o homem que detesta os paramentos litúrgicos, depois usa um fraque disparatado. Se há alguma insanidade envolvida, ela certamente estará nos aperitivos, e não no pão e no vinho.

Repassei todas as demais acusações e percebi que a chave continuava a caber perfeitamente. Assim se explicava com facilidade que Swinburne se irritasse com a tristeza dos cristãos e mais ainda com a sua alegria. Já não se tratava de uma complicada doença dentro do cristianismo, mas de uma complicada doença em Swinburne. As austeridades dos cristãos entristeciam-no simplesmente porque era mais hedonista do que um homem saudável deveria ser, e a fé dos cristãos irritava-o porque era mais pessimista do que um homem saudável deveria ser.

Da mesma maneira, os malthusianos atacavam o cristianismo por instinto: não porque houvesse algo de especialmente antimalthusiano no cristianismo, mas porque há algo de anti-humano no malthusianismo.

O paradoxo cristão

Parecia-me, porém, que apesar de tudo não podia ser absolutamente verdadeiro que o cristianismo fosse simplesmente sensato e se conservasse no meio-termo.

Havia nele, efetivamente, algum elemento de exaltação, e até de frenesi, que dera aos secularistas uma base para as suas críticas superficiais.

O cristianismo bem podia ser sensato, e cada vez mais me parecia sensato; mas não era de uma sensatez meramente humana. Não era simplesmente moderado e respeitável. Os seus ferozes cruzados e mansos santos podiam contrabalançar-se mutuamente; mas os cruzados eram realmente ferozes e os santos realmente mansos, mansos para além de toda a medida razoável.

Foi neste ponto do meu raciocínio que me recordei das minhas especulações sobre o mártir e o suicida. No mártir havia esse tipo de combinação entre duas atitudes quase insanas que, de alguma forma, redundavam em sanidade. Era mais um exemplo das contradições do cristianismo, mas este, já eu o considerara legítimo. Tratava-se exatamente de um desses paradoxos em que os céticos pensavam apanhar a fé em falta, mas que eu já considerara coerente. Por mais que os cristãos amem o mártir ou odeiem o suicida, nunca sentirão essas paixões em grau mais elevado do que eu as senti quando ainda nem sonhava com o cristianismo.

Com isto, abriu-se a parte mais difícil e interessante do meu processo mental, e comecei a rastrear às apalpadelas esse paradoxo através do vasto pensamento da nossa teologia.

A PAIXÃO DOS CONTRÁRIOS

A ideia era a mesma que eu já delineara com relação ao tema do otimista e do pessimista, isto é, que não nos satisfaz uma amálgama ou um compromisso, mas ambas as coisas — o otimismo e o pessimismo — no auge das suas forças, um amor e um ódio igualmente ardentes. Procurarei retratar aqui essa ideia somente no que diz respeito à ética.

Não será, certamente, necessário relembrar ao leitor que tal ideia do somatório dos contrários ocupa um lugar central na teologia ortodoxa. A teologia ortodoxa sempre insistiu, de modo especial, em que Cristo não era um ser diferente de Deus e do homem — como um duende, por exemplo —, nem um ser metade homem, metade outra coisa — como um centauro —, mas ambas as coisas ao mesmo tempo, e ambas as coisas integralmente: verdadeiro Deus e verdadeiro homem. Tentarei agora esboçar essa noção tal como a descobri.

Todas as pessoas sãs percebem que a sanidade é um tipo de equilíbrio; pode-se ser louco e comer de mais, ou ser louco e comer de menos. Com efeito, têm aparecido alguns modernos com vagas noções de progresso e evolução, que tentam destruir o "justo meio" ou o equilíbrio de Aristóteles.[17] Parecem sugerir que deveríamos morrer de fome pouco a pouco, ou tomar desjejuns cada vez maiores a cada manhã, por todo o sempre.

Mas a grande verdade do "justo meio" permanece inalterada para qualquer homem que pense, e esses modernos não destruíram equilíbrio algum senão o seu próprio.

---

(17) Segundo Aristóteles, a virtude consiste no "justo meio" entre dois vícios opostos, um dos quais é a ausência da qualidade desejada e o outro o seu excesso. A virtude opõe-se a esses extremos como uma montanha situada entre dois vales. Assim, por exemplo, a coragem seria o justo meio entre a covardia — ausência de coragem — e a temeridade — excesso irrefletido desta virtude —; a generosidade, entre a avareza e a atitude perdulária etc.

Ora, admitindo-se que todos devemos manter o equilíbrio, o assunto ganha real interesse quando chegamos à questão de saber como consegui-lo. O paganismo tentou resolver esse problema, mas foi o cristianismo que o resolveu, e o resolveu de um modo muito estranho.

O paganismo afirmava que a virtude consistia num equilíbrio; o cristianismo afirma que reside num conflito: na colisão de duas paixões aparentemente opostas. Ambas não são, é claro, mutuamente exclusivas na vida real; mas são tão opostas que é difícil dominá-las simultaneamente.

Sigamos por um momento a pista oferecida pelo mártir e pelo suicida, e tomemos como exemplo a coragem. Nenhuma qualidade como esta tem confundido tanto as mentes e embaralhado tanto as definições dos sábios meramente racionalistas. A coragem é quase uma contradição em si mesma. Significa um forte desejo de viver que assume a forma de uma disposição para morrer. *Aquele que perder a sua vida salvá-la-á*:[18] isto não é nenhuma divisa mística para santos e heróis. É um conselho de senso comum para marinheiros ou montanhistas. Podia estar impresso num guia para alpinistas ou num manual de instrução militar.

Este paradoxo contém todo o princípio da coragem, mesmo da coragem simplesmente terrena ou simplesmente brutal. Um homem isolado pelo mar numa costa rochosa poderá salvar a sua vida se a arriscar escalando o precipício; só se afastará da morte se pisar continuamente a um centímetro dela.

---

(18) Cf. Mt 10, 39.

Um soldado cercado pelo inimigo, se quiser abrir caminho para escapar, terá de combinar um forte desejo de viver com uma estranha despreocupação pela morte. Não lhe basta apegar-se à vida, pois então seria um covarde e não escaparia. Não pode esperar pela morte, pois então seria um suicida e também não escaparia. Tem de procurar a vida num estado de espírito furiosamente indiferente; tem de desejar a vida como se fosse água, mas beber a morte como se fosse vinho.

Imagino que nenhum filósofo terá jamais expressado este romântico enigma com a lucidez adequada e eu, certamente, também não o fiz. Mas o cristianismo fez mais do que isso: marcou-lhe os limites nas tremendas sepulturas do suicida e do herói, mostrando a distância que há entre aquele que morre por amor à vida e aquele que morre por amor à morte.

E sempre desfraldou por cima das lanças europeias a bandeira misteriosa das Cruzadas: a coragem cristã, que é desprezo da morte, e não a coragem chinesa, que é desprezo da vida.

A CHAVE DE TODA A MORAL

E agora começo a pensar que essa dupla paixão é a chave cristã de toda a moral. Por toda a parte a fé extrai moderação do silencioso embate entre duas comoções impetuosas.

Tomemos, por exemplo, a questão da humildade, que resulta do equilíbrio entre o mero orgulho e a mera prostração. O pagão médio, bem como o agnóstico médio, dirá apenas que está contente consigo próprio, mas não grotescamente autossatisfeito; que há muitas pessoas melhores e muitas piores; que as suas capacidades são limitadas, sem dúvida, mas que fará o possível para realizá-las. Ou seja, andará de cabeça erguida, ainda que não necessariamente de nariz empinado.

É uma posição viril e racional, mas vulnerável à mesma objeção que já levantamos acerca do compromisso entre o otimismo e o pessimismo — a "resignação" de Matthew Arnold.[19] Sendo uma mistura de duas coisas, é uma diluição de ambas; nenhuma delas está presente em toda a sua intensidade nem contribui com a plenitude da sua cor.

Este orgulho sensato — a resignação — não levanta o coração como o toque dos clarins e não convida a andar envolto em púrpura e ouro. E, por outro lado,

---

(19) Matthew Arnold (1822-1888) foi poeta, crítico e literato, e um dos mais conhecidos professores de filosofia ingleses.

essa modesta humildade racionalista não purifica a alma com fogo e não a torna límpida como cristal. Ao contrário de uma humildade estrita e penetrante, não transforma o homem numa criança pequenina, que consegue sentar-se "à sombra da grama"; não o faz olhar para cima e avistar maravilhas — pois Alice tem de ser pequena para ser Alice no País das Maravilhas. E assim se perde tanto a poesia dramática do orgulhoso como a poesia lírica do humilde.

Mas o cristianismo procurou, por um estranho paradoxo, conservar tanto uma como outra. Separou as duas ideias e exagerou ambas. De alguma maneira, o homem devia ser muito mais orgulhoso do que jamais fora; e de alguma outra maneira, devia também ser muito mais humilde do que jamais tinha sido. Na medida em que sou Homem, sou cabeça da criação. Na medida em que sou *um* homem, sou o primeiro dos pecadores.

Toda a humildade que implicasse pessimismo, que significasse uma visão nebulosa ou negativa do destino do homem — tudo isso tinha de ser expelido. Nunca mais tornaríamos a ouvir o lamento do Eclesiastes de que os homens não têm preeminência sobre os animais;[20] nunca mais havíamos de ouvir o espantoso grito de Homero ao bradar que o homem é apenas a mais triste das bestas do campo.

O homem é uma estátua de Deus que caminha pelo Éden. O homem tem preeminência sobre todos os animais. O homem não é triste por ser um animal, mas por ser um deus quebrado. Os gregos falavam do homem que rasteja sobre a

---

(20) Cf. Ecl 3, 18.

terra como quem se agarra a ela. Agora o Homem devia pisar a terra como quem a domina.

E assim o cristianismo defende uma concepção da dignidade humana que só se pode expressar com coroas de raios de sol ou com leques de plumagem de pavão. Ao mesmo tempo, porém, defende uma visão da abjeta pequenez do homem, que só se pode expressar por meio de jejuns e da mais fantástica submissão, por meio das sombrias cinzas de São Domingos e das brancas neves de São Bernardo.[21]

---

(21) O autor relaciona aqui as cinzas, símbolo clássico de penitência, com São Domingos de Gusmão (1170-1221), fundador da Ordem dos Dominicanos e um dos santos mais conhecidos pela sua rigorosa penitência; e, por contraste, faz alusão ao mosteiro agostiniano situado no monte Grande São Bernardo, nos Alpes italianos, dedicado primitivamente a acolher e resgatar viajantes perdidos na neve.

Quando alguém pensa em *si mesmo*, o panorama que se desvenda aos seus olhos é suficiente para movê-lo à mais descarnada abnegação, e o vazio que se abre à sua frente, suficiente para o mais amargo realismo. Mas é aqui que o homem realista tem campo pela frente, porém com uma única condição: que só avance contra si próprio. Abre-se assim uma vasta clareira ao alegre pessimista. Deixem-no dizer o que quiser contra si mesmo, desde que não blasfeme contra a finalidade original do seu ser; deixem-no chamar-se tolo, e mesmo um tolo condenado (se bem que isto já seja calvinismo), mas não poderá dizer que os tolos não merecem ser salvos. Não deverá dizer que um homem, *enquanto* homem, pode carecer de valor.

Mais uma vez, o cristianismo superou aqui a dificuldade de conciliar adversários furiosos, mantendo os dois e mantendo-os furiosos. A Igreja insiste positivamente em ambos os polos. Não se pode pensar excessivamente mal de si próprio. Não se pode pensar excessivamente bem da própria alma.

O PARADOXO DA CARIDADE

Tomemos mais um caso: a difícil questão da caridade, que alguns idealistas muito pouco caridosos parecem considerar bastante simples.

A caridade é um paradoxo, tal como a humildade e a coragem. Para dizê-lo de maneira simples, a caridade consiste numa destas duas coisas: em perdoar atos imperdoáveis ou em amar pessoas insuportáveis.

Mas se nos perguntássemos — como fizemos no caso da humildade — que pensaria um pagão sensato a este respeito, começaríamos sem dúvida a analisar a questão pela base. Um pagão sensato diria que há pessoas que se podem perdoar, e outras que não; que se podem encolher os ombros perante um escravo que furta vinho, mas que um escravo que assassina o seu benfeitor deve ser executado, e até amaldiçoado depois de morto. Enquanto o ato for perdoável, o homem será perdoável.

Mais uma vez, esta atitude é racional, e até reconfortante; mas é uma diluição. Não abre espaço para o puro horror diante da injustiça, que é o que embeleza a inocência. E também não deixa lugar para a simples misericórdia para com os homens enquanto homens, que é todo o fascínio da caridade.

É aqui que entra mais uma vez o cristianismo. E entra impetuosamente, com a espada na mão, e de um só golpe separa uma coisa da outra, o crime do criminoso. Quanto ao criminoso, devemos perdoá-lo até setenta vezes sete; quanto ao crime, não devemos perdoá-lo vez nenhuma.

Não basta, para o cristianismo, que o escravo que rouba vinho inspire em parte indignação e em parte comiseração. Devemos indignar-nos muito mais do que antes com o furto, mas ser muito mais bondosos do que antes com o ladrão. Há espaço para que corram livres tanto o amor como o ódio.

ORDEM E LIBERDADE

Quanto mais eu considerava o cristianismo, mais me parecia que, tendo estabelecido uma regra e uma ordem, eram justamente essa regra e essa ordem que permitiam a livre manifestação das paixões boas.

A liberdade mental e a liberdade emocional não são tão simples como parecem. Na realidade, exigem um equilíbrio de leis e condições quase tão delicado como o da liberdade social e política. O anarquista emocional comum que se propõe sentir tudo livremente, enreda-se ao fim e ao cabo num paradoxo que o impede de sentir seja o que for. Quebra os limites do ramerrão cotidiano para sair à busca da poesia, mas quando deixa de sentir os limites do viver caseiro e cotidiano, deixa de poder desfrutar da *Odisseia*. Está livre dos preconceitos nacionalistas, mas também está fora do patriotismo; e estando fora do patriotismo, está fora de *Henrique V*.[22] Semelhante literato está simplesmente

---

(22) *Henrique V* é uma das tragédias clássicas de Shakespeare.

fora de toda a literatura; semelhante livre-pensador está mais aprisionado do que qualquer fanático.

É que, se há um muro entre nós e o mundo, pouca diferença faz considerar-se trancado do lado de dentro ou do lado de fora. O que nós queremos não é a universalidade que está para além de todos os sentimentos normais; queremos a universalidade que está dentro de todos os sentimentos normais. A diferença entre estas duas posições é a mesma que há entre estar livre de uma prisão e estar livre de uma cidade. Eu estou livre do Castelo de Windsor — ou seja, não estou lá detido —, mas não estou de maneira alguma livre daquele edifício.

Como pode o homem estar livre nas suas emoções mais delicadas, ser capaz de fazê-las vibrar pelos espaços abertos, sem que se choquem e se danifiquem?

Esta é a grande conquista do paradoxo cristão das paixões paralelas. Uma vez admitido o dogma primordial da guerra entre o divino e o diabólico, da revolta e da ruína do mundo,[23] o otimismo e o pessimismo dessas paixões podem — como pura poesia — jorrar quais cataratas libertadas.

São Francisco, ao cantar todo o bem, podia ser um otimista mais efusivo do que Walt Whitman.[24] São Jerônimo, ao denunciar todo o mal, podia

---

(23) O autor refere-se à doutrina do pecado original, que implica, em substância, que o mundo foi criado integralmente bom por Deus, e que o mal foi nele introduzido pela vontade rebelde dos anjos maus e do homem.

(24) Walt Whitman (1819-1892) foi um poeta americano muito popular pelo seu estilo alegre e irônico, e pelo seu otimismo proverbial; é considerado um dos arautos do "espírito americano".

pintar um mundo mais negro que o de Schopenhauer.[25] Ambas as paixões estavam livres, porque ambas se conservavam no seu lugar.

O otimista já podia entoar todos os louvores que quisesse nas alegres músicas de uma marcha, com clarins dourados e pendões purpúreos a caminho da batalha. Mas o que não devia era considerar inútil a luta. O pessimista já podia pintar de cores tão negras quanto quisesse as marchas esgotantes ou as feridas sangrentas, mas o que não devia era dar a batalha por perdida. E o mesmo

---

(25) Arthur Schopenhauer (1788-1860), filósofo alemão influenciado pelo budismo, afirma que no princípio de todo o mundo externo estaria a vontade, oposta à razão; por isso, toda a condição da existência humana estaria sempre marcada pela luta, sofrimento e miséria, e o otimismo não seria senão um erro.

acontece com todos os outros problemas morais, com o orgulho, com o protesto, com a compaixão.

Ao definir a sua doutrina central, a igreja não somente manteve emparelhadas, lado a lado, coisas aparentemente inconciliáveis, mas também — e é o que mais importa — permitiu que elas explodissem numa espécie de artística violência que, de outra forma, só é possível entre os anarquistas. A mansidão tornou-se mais dramática do que a loucura.

O cristianismo histórico ergue-se num elevado e insólito gesto teatral de moralidade: teve atitudes que estão para a virtude como os crimes de Nero estão para o vício. O espírito de indignação e o espírito de caridade tomaram formas terríveis e atraentes, desde a ferocidade monacal que açoitou, como quem açoita um cão, o primeiro e o maior dos

Plantagenetas,[26] até a sublime piedade de Santa Catarina que, nas execuções oficiais, beijava a cabeça ensanguentada dos criminosos. Podia-se levar à prática a poesia com a mesma facilidade com que se podia compô-la.

Estes modos heroicos e monumentais da moral desapareceram totalmente onde desapareceu a religião sobrenatural. Sendo humildes, os cristãos de outrora podiam fazer alarde de si mesmos; nós, como somos soberbos, não ousamos destacar-nos.

Os nossos professores de ética escrevem sensatamente sobre a reforma das prisões; mas não é provável que vejamos

---

(26) Henrique II Plantageneta (1133-1189), primeiro rei inglês pertencente a essa família, foi responsável indireto pela morte de São Thomas Beckett. Depois fez-se açoitar sobre o seu túmulo, na Abadia de Westminster, em penitência.

o Sr. Cadbury, ou qualquer outro eminen-
te filantropo, entrando em Reading Gaol[27]
para abraçar o cadáver de um enforcado
antes de ser jogado na vala comum.

Os nossos professores de ética escrevem moderadamente contra os multimi-
lionários; mas não é provável que vejamos o Sr. Rockfeller ou qualquer tirano
moderno fazer-se açoitar publicamente
na Abadia de Westminster.

Assim, as duplas acusações dos secularistas, apesar de não semearem senão
obscuridade e confusão sobre eles próprios, projetam uma luz verdadeira sobre a fé. É verdade que a Igreja histórica
enfatizou ao mesmo tempo o celibato e a

---

(27) George Cadbury (1839-1917) foi um rico indus-
trial londrino que se notabilizou por construir orfa-
natos e realizar obras de filantropia. Reading Gaol
foi um presídio do distrito londrino de Reading.

família; defendeu enfática e violentamente — se assim se pode dizer — tanto o ter filhos como não os ter. Manteve lado a lado duas cores vivas — o vermelho e o branco — como o vermelho e o branco no escudo de São Jorge.[28]

A Igreja sempre nutriu uma saudável antipatia pelo cor-de-rosa. Odeia essa mistura de duas cores que não passa de um débil expediente dos filósofos. Odeia essa evolução do preto para o branco, que não é mais do que um cinzento sujo.

Efetivamente, toda a teoria da Igreja sobre a virgindade poderia ser simbolizada mediante a afirmação de que o branco é uma cor, e não apenas ausência de

---

(28) A lenda medieval de São Jorge, que se tornou uma espécie de símbolo da cavalaria, levou a que se adotasse o seu escudo como brasão da Inglaterra.

cor. Tudo o que tento exprimir aqui pode resumir-se dizendo que, na maioria das vezes, o cristianismo procurou conservar duas cores coexistentes, mas ambas puras. Não é uma mistura como o ocre ou a púrpura; é mais como uma seda furta-cores, que é sempre tecida em ângulos retos, segundo o padrão da Cruz.

PACIFISMO E CARNIFICINA

O mesmo acontece, obviamente, com as acusações contraditórias dos anticristãos a respeito da submissão e da carnificina. É verdade que a Igreja aconselhou alguns homens a lutarem e outros a não lutarem, e também é verdade que os que lutavam pareciam furacões e os que não lutavam pareciam estátuas.

Tudo isto significa, simplesmente, que a Igreja quis pôr em ação tanto os seus super-homens como os seus pacifistas tolstoianos.[29] Deve haver alguma coisa boa numa vida de lutas, se tantas pessoas boas amaram a profissão de soldados. Deve haver alguma coisa boa na ideia da não-resistência, pois tantas pessoas boas quiseram ser *quakers*.

Tudo o que a Igreja fez neste aspecto foi impedir que uma dessas coisas boas desalojasse a outra. Ambas passaram a existir lado a lado. Os tolstoianos, dotados de todos os escrúpulos dos monges, simplesmente tornaram-se monges; e os *quakers* tornaram-se um clube, ao invés de se tornarem uma seita.

Já os monges tinham dito tudo o que Tolstoi diz: derramaram lúcidas

---

(29) Leon Tolstói (1828-1910), romancista russo de grande profundidade intelectual, tentou no fim da vida fundar um "cristianismo sem dogmas e sem sacramentos", que logo se reduziu a uma vaga moral pacifista.

lamentações sobre a crueldade das batalhas e sobre o vazio da vingança. Mas os tolstoianos não são pessoas suficientemente aptas para dirigir o mundo, e nas eras da fé não lhes foi permitido governá-lo. E o mundo não deixou de conhecer o último ataque de Sir James Douglas ou a bandeira da virgem Joana d'Arc.[30]

Algumas vezes, essa pura mansidão e essa pura ferocidade encontravam-se e justificavam a sua união; cumpriu-se o paradoxo de todos os profetas, e na

---

(30) Sir James Douglas (1617-1645), famoso general inglês, serviu quase toda a vida na França.

Santa Joana d'Arc (1412-1431), heroína francesa da Guerra dos Cem Anos, levantou o ânimo dos franceses investindo à frente do seu exército nas batalhas, mas sem levar armas. Presa pelos ingleses, foi condenada como herética num simulacro de processo eclesiástico, e queimada viva. Por sua atitude no martírio e por sua santidade comprovada, foi canonizada em 1908.

alma de São Luís o leão deitou-se ao lado do cordeiro.[31]

Lembremo-nos, porém, de que esse texto da Escritura é interpretado com frequência de modo muito superficial. Afirma-se a cada passo, especialmente nos meios tolstoianos, que o leão se torna semelhante ao cordeiro ao repousar a seu lado. Mas isto não é senão anexação brutal e imperialismo por parte do cordeiro. Neste caso, simplesmente o cordeiro estaria devorando o leão, em vez de ser devorado por ele.

---

(31) São Luís IX (1215-1270), rei da França, participou da sétima e oitava Cruzadas, vindo a falecer nesta última. Ao mesmo tempo, foi muito estimado por ser um rei sábio, piedoso e dedicado aos pobres. Foi canonizado em 1297.

A expressão "o leão deitou-se ao lado do cordeiro" alude a uma profecia de I saias (11, 6) referente à época da vinda do Messias: *o leão e o cordeiro pastarão juntos, sob a guarda de um pastor.*

O problema real é este: pode o leão deitar-se ao lado do cordeiro e mesmo assim conservar a sua régia ferocidade? *Este é* o problema que a Igreja enfrentou, *este* é o milagre que ela realizou.

Era a este tipo de coisas que eu chamava adivinhar as ocultas excentricidades da vida. Isto é que é saber que o coração de um homem está à esquerda, e não no meio; isto é que é saber não apenas que a terra é redonda, mas exatamente onde é achatada. A doutrina cristã detectou as irregularidades da vida. Não somente descobriu a lei, mas previu as exceções.

Aqueles que dizem que a Igreja descobriu a misericórdia subestimam-na. Qualquer um podia ter descoberto a misericórdia, e, com efeito, todos o fizeram.

Mas descobrir um plano que permitisse ser misericordioso e ao mesmo tempo severo — *isso* já implicava prever uma estranha necessidade da natureza humana. Porque ninguém deseja que lhe perdoem um grande pecado como se fosse uma falta qualquer.

Qualquer um pode dizer que não deveríamos sentir-nos nem inteiramente miseráveis nem inteiramente felizes. Mas descobrir que se pode ser inteiramente miserável sem que isso torne impossível uma alegria plena — *isso* foi uma descoberta revolucionária no campo da psicologia. Qualquer um pode dizer: "Nem presunção nem lamentos", e teria limitado o homem. Mas dizer: "Aqui podes orgulhar-te, ali podes lamentar-te" — *isso* foi uma libertação.

O DIFÍCIL EQUILÍBRIO

É neste paradoxo que reside a grande novidade da ética cristã, a descoberta de um novo equilíbrio. O paganismo tinha sido como um pilar de mármore, ereto por estar simetricamente proporcionado. O cristianismo é como um enorme, escarpado e romântico bloco de rocha que, apesar de balançar no seu pedestal ao mais leve toque, permanece ali entronizado pelos milênios porque as suas exageradas excrescências se equilibram mutuamente de maneira perfeita.

Numa catedral gótica, cada coluna era diferente das outras, mas todas eram necessárias. Cada suporte parecia fantástico e despropositado; cada contraforte, assimétrico. É assim que, no cristianismo, se equilibram mutuamente coisas aparentemente acidentais.

São Thomas Becket vestia uma camisa de pelo áspero debaixo do ouro e da púrpura; há muito a dizer em favor desta combinação, pois Beckett gozava dos efeitos benéficos desse cilício, e o povo da rua gozava do benefício do ouro e da púrpura. Pelo menos, é melhor que a moda dos milionários atuais, que vestem o negro e o sujo por fora e o ouro junto ao coração.

Este equilíbrio, porém, nem sempre se concentrava sobre o corpo de um só homem; muitas vezes, distribuía-se por todo o corpo do cristianismo. Um homem orava e jejuava nas neves do Norte, e por isso podiam fazer-se grinaldas de flores, no dia da sua festa, nas cidades do Sul; uns fanáticos não bebiam senão água nas areias da Síria, e por isso ainda se podia beber cidra nos pomares da Inglaterra. É isto que torna o cristianismo simultaneamente muito mais intrigante e muito mais interessante do que o império pagão — assim como a catedral de Amiens não é melhor, mas é mais interessante do que o Partenon.

Se alguém deseja uma prova moderna de tudo isto, basta-lhe considerar o fato curioso de que, sob o cristianismo, a Europa, sem deixar de constituir uma unidade, se dividiu em nações individuais. O patriotismo é um exemplo perfeito deste equilíbrio deliberado entre dois exageros.

O instinto do império pagão dizia: "Todos deveis ser cidadãos romanos e assemelhar-vos uns aos outros; que os alemães se tornem menos lentos e solenes, e os franceses menos práticos e vivos". Mas o instinto da Europa cristã diz: "Deixai que os alemães permaneçam lentos e solenes, para que os franceses possam ser práticos e vivazes com mais segurança. Criaremos o equilíbrio a partir desses excessos. O absurdo que se chama Alemanha corrigirá a sandice que se chama França".

O INEXPLICÁVEL

Por último — e é o mais importante —, é exatamente isso que explica o inexplicável — inexplicável, pelo menos, aos olhos de todos os críticos modernos da história do cristianismo. Refiro-me às guerras monstruosas sobre minúsculos pontos de teologia, aos terremotos de emoção por um gesto ou uma palavra.

Tratava-se sempre de assuntos milimétricos; mas um milímetro é tudo, quando se está num equilíbrio instável. Se se deixasse uma ideia perder o poder, a outra tornar-se-ia poderosa demais. O pastor cristão não conduzia um rebanho de carneiros, mas uma manada de touros e tigres, de ideais terríveis e doutrinas devoradoras, cada uma delas suficientemente forte para transformar-se numa falsa religião que devastaria o mundo.

105

Lembremo-nos de que a Igreja desceu à arena especialmente para ir ao encontro de ideias perigosas — foi uma domadora de leões. A ideia de um nascimento por obra e graça do Espírito Santo, da morte de um Ser divino, do perdão dos pecados, do cumprimento das profecias, eram todas ideias que, como qualquer um pode ver, só necessitavam de um leve toque para se transformarem em algo de blasfemo e feroz. Se o menor elo fosse perdido pelos artesãos do Mediterrâneo, logo o leão do pessimismo ancestral quebraria as suas cadeias nas esquecidas florestas do Norte.[32]

Destes balanceamentos teológicos falarei noutro momento. Por ora, basta

---

(32) O autor insinua o caráter decisivo da elaboração teológica levada a cabo pelos Santos Padres e escritores eclesiásticos gregos e latinos, que havia de opor um dique, séculos depois, ao pessimismo das teses protestantes procedentes do norte da Europa.

mencionar que qualquer pequeno erro que se cometesse na doutrina levaria a disparates enormes cometidos contra a felicidade humana. Uma proposição mal formulada a respeito da natureza das imagens teria despedaçado todas as estátuas mais belas da Europa. Um escorregão numa definição podia ter parado todas as danças, murchado todas as árvores de Natal e quebrado todos os ovos de Páscoa.

Era preciso estabelecer limites estritos para as doutrinas, também para que o homem pudesse gozar das liberdades humanas mais amplas. A Igreja tinha de ser cuidadosa para que o mundo pudesse viver livre de cuidados.

O ARREBATADOR ROMANCE DA ORTODOXIA

Este é o emocionante romance da ortodoxia. Hoje caiu-se no estúpido hábito de pensar que a ortodoxia é algo pesado, insípido e seguro. Mas nunca houve nada tão perigoso ou tão excitante como a ortodoxia.

Ela era a sanidade; e ser são é mais dramático do que ser louco. Ela era o equilíbrio de um homem num carro puxado por cavalos em frenética carreira, parecendo dobrar-se aqui ou vacilar acolá, mas apesar de tudo conservando em cada atitude a graça da estatuária e a precisão da matemática.

A Igreja, nos seus primeiros dias, avançava feroz e rápida num corcel de batalha; mas é absolutamente anti-histórico afirmar que ela seguia loucamente no encalço de uma só ideia, como acontece com qualquer fanatismo vulgar. Desviava-se para a direita ou para a esquerda, com o único fim de evitar com precisão os enormes obstáculos.

Deixou de um lado a imensa mole do arianismo que, escorado por todos os poderes do mundo, pretendia tornar o cristianismo totalmente mundano. No instante seguinte, desviou-se para evitar um orientalismo que o teria feito demasiado espiritual.[33] A Igreja ortodoxa nunca seguiu o caminho mais fácil nem respeitou as convenções. A Igreja ortodoxa nunca foi "respeitável".

---

(33) O arianismo foi uma heresia muito espalhada nos séculos IV-VI; fundada por um sacerdote de nome Ário, negava a divindade de Cristo, considerando-o apenas "a primeira das criaturas".

Com a expressão "orientalismo demasiado espiritual", o autor se refere, não a uma heresia determinada, mas à tendência de diversas doutrinas filosóficas, religiões e seitas oriundas da Ásia e muito difundidas nos primeiros séculos da nossa era, de desprezarem o corpo — a matéria — e afirmarem uma supremacia ou predominância exclusiva do espírito, da alma.

Teria sido mais fácil aceitar o poder mundano dos arianos. Teria sido mais fácil, no calvinista século XVII, deixar-se cair no poço sem fundo da predestinação. É fácil ser louco; é fácil ser herege. É sempre fácil baixar a cabeça diante da moda de cada época; o difícil é mantê-la sempre no lugar. É sempre fácil ser modernista, como é fácil ser um *snob*.

Efetivamente, teria sido mais simples se a Igreja se tivesse deixado prender nas armadilhas abertas pelo erro e pelo exagero que, moda após moda e seita após seita, foram estendidas ao longo do seu caminho histórico. Sempre é mais fácil cair: há uma infinidade de ângulos que nos podem fazer cair, mas há apenas um que nos permite ficar de pé.

Ser arrastado por qualquer uma das manias que lhe saíram ao encontro, desde o gnosticismo até à *Christian Science*, teria sido razoável e decente. Mas evitá-las todas tem sido até hoje uma arrebatadora aventura. E na minha imaginação, a carruagem celestial voa trovejante através das eras, enquanto as cinzentas heresias fogem rastejando; e a verdade selvagem, ainda que cambaleie, mantém-se ereta.

UMA IDEIA SIMPLES

A maior parte dos homens retornaria aos antigos costumes em matéria de fé e de moral se conseguissem ampliar suficientemente os seus horizontes. E principalmente a sua estreiteza mental que os mantém nos trilhos da negação. Mas esse alargamento mental é facilmente mal interpretado, porque a mente precisa ser alargada para poder enxergar as coisas simples, ou mesmo as que são evidentes em si mesmas. Temos necessidade de uma espécie de esticamento da nossa imaginação para conseguirmos ver os objetos óbvios delinearem-se contra o seu fundo óbvio, especialmente quando se trata de objetos grandes colocados diante de um fundo grande.

Sempre há, por exemplo, aquele tipo de pessoas que não conseguem enxergar nada além da mancha no tapete, a tal ponto que são incapazes de enxergar sequer o tapete; esse tipo de atitude tende à irritação, que por vezes se amplia até à rebelião. Depois, há aquele tipo de pessoas que só conseguem enxergar o tapete, talvez por tratar-se de um tapete novo; essa atitude já é mais humana, mas pode facilmente estar tingida de vaidade e até de vulgaridade. Há também o homem que só enxerga o aposento atapetado, e assim tende a estar isolado de muitas outras coisas — especialmente das dependências dos empregados. E, por fim, há o homem alargado pela imaginação, que é incapaz de permanecer sentado no quarto atapetado, ou mesmo no porão do carvão, sem enxergar a todo o momento o perfil da casa inteira delineado contra o seu fundo primevo de terra e céu. Este homem, que compreende que desde a sua origem o telhado foi concebido como um escudo contra o sol e a neve, e a porta contra o frio e a lama, saberá melhor — e não pior — do que o primeiro que não deveria haver uma mancha no tapete. E, ao contrário desse homem, saberá também *por que* existe um tapete.

Este homem olhará do mesmo modo as falhas e manchas que possa haver na história da sua tradição e do seu credo. Não procurará explicá-las engenhosamente, nem muito menos tentará negá-las. Muito pelo contrário, enxergá-las-á com toda a simplicidade, mas também as enxergará dentro de um marco muito amplo, e contrastando com um fundo ainda mais amplo. Fará aquilo que os seus críticos, em hipótese alguma, são capazes de fazer:

verá as coisas óbvias e fará as perguntas óbvias. Quanto mais leio as modernas críticas contra a religião, e especialmente contra a minha própria religião, mais me assusta essa estreita concentração em determinados pontos, essa incapacidade imaginativa de compreender o problema como um todo.

Andei lendo recentemente uma condenação muito moderada das práticas católicas tradicionais, vinda dos Estados Unidos, onde esse tipo de condenações nem sempre é muito moderado. Falando de maneira genérica, poderia dizer que essa crítica assume a forma de um enxame de questiúnculas, às quais eu estaria plenamente disposto a responder se não tivesse uma consciência tão viva das grandes perguntas que não são formuladas, ao invés das pequenas perguntas que o são. Acima de tudo, sinto falta deste fato tão simples e tão esquecido: sejam ou não verdadeiras determinadas acusações que se lançam contra os católicos, o que está além de qualquer dúvida é que são verdadeiras quando aplicadas a qualquer outra instituição. O crítico nunca se lembra de fazer alguma coisa tão simples como comparar o católico com o não católico. A única coisa que nunca parece cruzar-lhe a mente, quando argumenta acerca da ideia que tem da Igreja, é perguntar-se com toda a simplicidade que seria do mundo sem a Igreja.

É isto o que procuro exprimir ao dizer que se pode ser demasiado estreito para enxergar a casa que se chama Igreja contra o seu fundo que se chama Cosmos. A título de exemplo: o autor que acabei de mencionar incorre na milionésima repetição mecânica da acusação de repetição mecânica; diz ele que repetimos as orações e outras fórmulas verbais sem pensar no seu significado. Não há dúvida de que conta com milhares de simpatizantes que repetirão essa denúncia depois dele, sem pensarem nem por um momento no que significa. Mas, antes mesmo de explicarmos quais são realmente os ensinamentos da Igreja a esse respeito, ou de citarmos as suas inúmeras recomendações para que se procure prestar atenção às orações vocais, ou de expormos as razões das razoáveis exceções que ela autoriza, há uma ampla, simples e luminosa verdade acerca de toda essa questão, e qualquer pessoa pode vê-la se andar pelo mundo de olhos abertos: é o fato óbvio de que *todas* as formas de dizer humanas tendem a fossilizar-se em formalismos, e de que a Igreja é um exemplo único na História, não por falar uma língua morta num mundo de línguas imortais, mas, pelo contrário, por ter preservado uma língua viva num mundo de línguas moribundas. Explico-me.

Quando o grande brado grego, velho como o próprio cristianismo, invade a Missa, muitos talvez se surpreenderão ao descobrir que há muita gente na igreja que repete "Senhor, tende piedade de nós", e pretende realmente afirmar o que está dizendo. Seja como for, essas pessoas têm muito mais consciência do que dizem do que um homem que encabeça uma carta com um "Prezado Senhor". "Prezado" é, neste contexto, evidentemente uma palavra morta; no lugar em que é empregada, deixou de ter qualquer significado. No entanto, é exatamente isto o que qualquer crítico alega contra "os ritos e as formas papistas": trata-se de um ato realizado de maneira rápida, ritual, sem se conservar a menor lembrança do seu significado.

Quando o Senhor Jones, advogado, escreve "prezado Senhor" ao Senhor Brown, o banqueiro, não pretende afirmar que sente profunda afeição pelo banqueiro, ou que o seu coração está repleto de caridade cristã, nem mesmo naquela ínfima medida em que o está o coração de um pobre papista ignorante a assistir à Missa. Ora bem, a vida, essa vida humana ordinária, simples, divertida, paga, simplesmente transborda de palavras mortas e de cerimônias sem significado. Não se escapará delas fugindo da Igreja para o "mundo". Quando o crítico em questão, ou mil outros críticos iguais a ele, afirma que só se exige do católico uma presença material ou mecânica na Missa, está a afirmar algo que simplesmente *não* se aplica ao católico médio nas suas disposições para com os sacramentos católicos. Mas diz algo que efetivamente é verdade se for aplicado a qualquer funcionário público médio no desempenho das suas funções, a qualquer baile da Corte ou recepção no Ministério, ou a aproximadamente três quartos daquilo que a sociedade normal chama "visitas de cortesia".

Essa morte lenta dos atos sociais repetitivos pode ser indiferente em si mesma, ou pode ser melancólica, ou pode ser uma consequência do Pecado Original, ou pode ser qualquer coisa que o crítico deseje. Mas aqueles que fizeram disso, centenas e centenas de vezes, uma acusação especial e concentrada contra a Igreja, são homens cegos para o inteiro mundo humano em que vivem e incapazes de enxergar qualquer coisa para além da única coisa que sabem repetir.

Ainda no escrito que mencionei, há inúmeros outros casos dessa estranha e sinistra inconsciência. O autor queixa-se, por exemplo, de que os sacerdotes são conduzidos de olhos vendados ao seu ministério e não compreendem os deveres que traz consigo. Também isso já o ouvimos antes. Mas raramente o ouvi formulado de maneira tão extraordinária como nessa acusação de que um homem pode ser definitivamente votado ao sacerdócio "desde a infância". O autor parece ter ideias bastante curiosas e elásticas acerca da duração da infância, [...] pois um sacerdote tem pelo menos vinte e quatro anos quando formula os seus compromissos. Mais uma vez, sinto-me perseguido pela enorme e nua e mesmo assim negligenciada comparação entre a Igreja e tudo aquilo que está fora da Igreja. [...]

Com efeito, que havemos de dizer aos que quereriam comparar o patriotismo ou a cidadania civil com a Igreja nesta matéria? Rapazes de dezoito anos têm de alistar-se obrigatoriamente; na Guerra, vimos voluntários de dezesseis anos serem aplaudidos por afirmarem que tinham dezoito; vimo-los ser lançados aos milhares naquela imensa fornalha e câmara de torturas, que a sua imaginação era incapaz de conceber de antemão, e da qual a sua honra os proibia de fugir; e vimo-los ser mantidos nesses horrores ano após ano, sem qualquer esperança de vitória; e vimo-los ser mortos como moscas, aos milhões, antes de que tivessem tido a oportunidade de viver. Isto é o que faz o Estado; isto é o que faz o "mundo"; isto é o que faz a sociedade, essa sociedade secularizada, prática e razoável. E depois de tudo isso, ainda tem a inominável impudência de vir queixar-se de nós porque permitimos que, dentre uma pequena minoria especializada, um homem escolha uma vida de caridade e paz, não depois de ter completado vinte e um anos, mas quando já se aproxima dos trinta, e depois de ter tido quase dez anos para refletir serenamente sobre a sua vocação!

Em suma, sinto falta, em tudo isso, da pergunta óbvia: qual o resultado que obteremos se compararmos a Igreja com o "mundo" que está fora dela, ou que se opõe a ela, ou que nos é oferecido como uma alternativa para a Igreja? E a evidente resposta é que o "mundo" comete todas as barbaridades de que sempre acusou a Igreja, e as comete de maneira muito pior, e as comete em escala muito maior, e — e isto é o pior e o mais importante — as comete sem dispor de padrões para voltar à sanidade nem de motivos para fazer um movimento de penitência. Os abusos católicos podem ser reformados, porque dispomos de uma *forma* universalmente aceita; os pecados católicos podem ser expiados, porque há um teste e um princípio de expiação. Em que outra parte do mundo de hoje havemos de encontrar semelhante teste ou padrão? Ou mesmo qualquer coisa além de veleidades sempre cambiantes, que fizeram do patriotismo a grande moda de há dez anos, e do pacifismo a grande moda dez anos depois?

O perigo atual é que as pessoas não se dispõem a ampliar suficientemente os seus horizontes a ponto de se tornarem capazes de enxergar as coisas óbvias, e esta é uma delas. Os homens acusam a tradição Romana de ser semi-pagã, e depois se refugiam num paganismo completo; queixam-se de que os cristãos se deixaram contaminar pelo paganismo, e depois fogem dos doentes para se refugiarem junto à doença. Não há uma única falta institucional imputada à Igreja Católica que não esteja presente de maneira muitíssimo mais flagrante, e até gritante, em qualquer outra instituição. E curiosamente é para essas instituições — o Estado, a Escola, a moderna máquina tributária e policial — que as pessoas se voltam, na esperança de que serão salvas por elas da superstição dos seus pais. Esta é a contradição, esta é a violenta colisão, este é o inevitável desastre intelectual em que estão envolvidas até as orelhas. Quanto a nós, só nos resta esperar, pondo em jogo toda a paciência de que sejamos capazes, até descobrirmos quanto tempo levarão para descobrir o que foi que lhes aconteceu.

(*A simple thought*, in *The Thing*,
Sheed & Ward, Londres, 1946)

ESTE LIVRO ACABOU DE SE IMPRIMIR
A 09 DE SETEMBRO DE 2025,
EM PAPEL OFFSET 75 g/m².